Lass dich nicht leben.
Lebe!

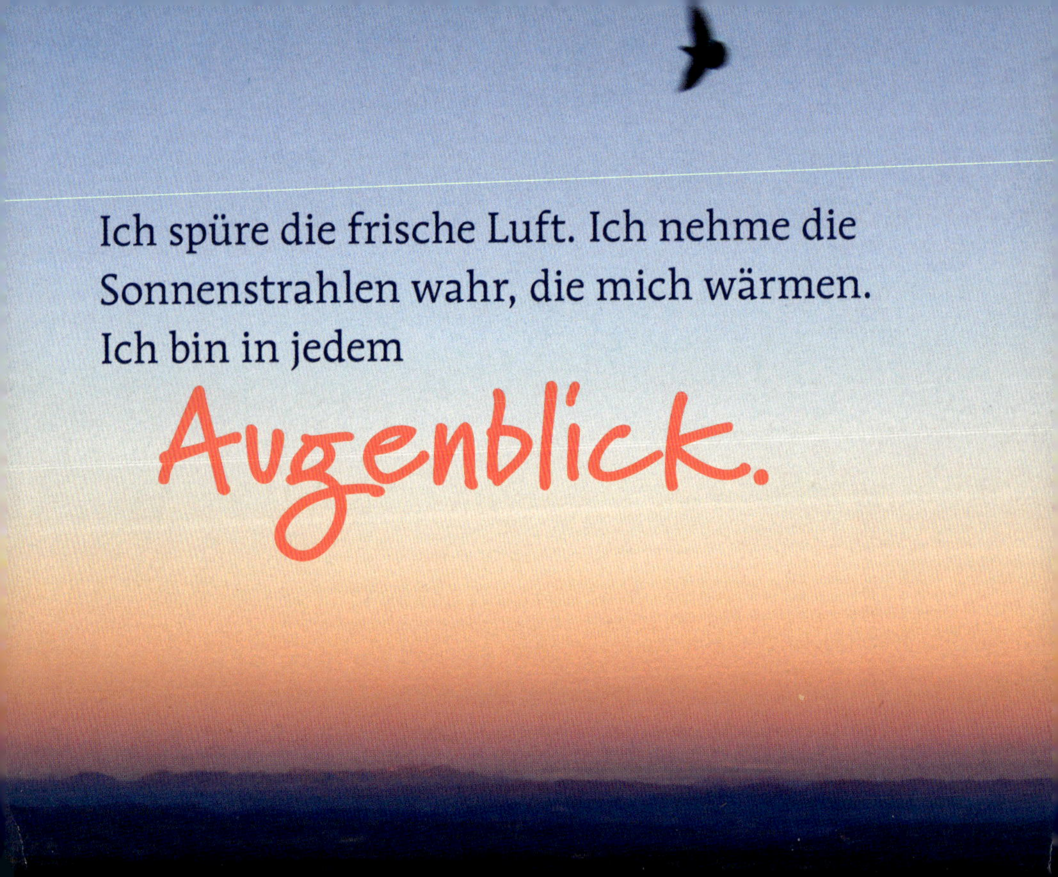

Ich spüre die frische Luft. Ich nehme die Sonnenstrahlen wahr, die mich wärmen. Ich bin in jedem

Augenblick.

Wenn wir ganz im Augenblick sind, werden wir entdecken, dass er uns alles bietet: reine Gegenwart, Schönheit und

Leben.

Glück

kann man nicht kaufen oder besitzen. Es gibt immer nur Augenblicke, in denen wir glücklich sind. Glück heißt: dankbar sein für diesen einen Augenblick, in dem ich jetzt lebe.

Ich bin in meinen Sinnen.
Ich schaue, höre, rieche,
betaste das, was ich in die
Hand nehme. Ich fühle mich
lebendig.

Güte strahlt aus einer Seele,
die mit sich selbst im
Einklang
ist.

In jeder Blume, in jedem
Grashalm werden wir ein
Licht
und eine Liebe entdecken,
die die ganze Schöpfung trägt.

Ein Fest feiert man nur, wenn man davon leben kann, und indem wir ein Fest feiern, kommt in unserer Seele etwas Wichtiges in

Bewegung.

Die Freude ist der große Antrieb
zu einem erfüllten und beglückten
Leben.

Richte dein

Wohlwollen

auch auf dich selbst, auf diesen verletzten, bedürftigen, in sich begrenzten Menschen – in Liebe.

Nur wer nimmt,
vermag zu
geben.

Wer die Welt nicht sehen will,
wie sie wirklich ist, der wird mit ihr
ewig im Streit liegen. Die Welt

annehmen,

wie sie ist, ist entscheidend für
die Grundstimmung des Menschen.

Das göttliche Leben ist in uns.
Tief in unserer Seele sind wir schon am
Ziel.

Schweigen ist die Voraussetzung,
dass wir Gottes
Stimme
in unserem Herzen vernehmen.

Still
werden heißt: stehen bleiben
und sich dem stellen,
was in mir aufsteigt.
Stille verlangt Stehvermögen.

Wenn unser Herz ruhig geworden ist,
dann werden unsere Bewegungen
aus der inneren
Ruhe
herausfließen.

Wir sollen zu unserem wahren
Selbst
gelangen, zu dem einmaligen Bild,
das Gott sich von uns gemacht hat.

Wenn ich auf Gott vertraue,
wächst auch mein

Selbstvertrauen.

Das richtige Maß
zu finden ist die
Voraussetzung für ein
gesundes
Leben.

Es braucht innere
Freiheit,
um gegenwärtig zu sein.

Äußere Dinge können die Freude nur hervorlocken, die schon in mir ist. Freude ist ein inneres Gestimmtsein der

Seele.

Wir brauchen
Stille,
um wir selbst zu werden
und ganz bei uns zu sein.

Geheimnis

Ich kann die Stille nur mit zarten Händen berühren. Sobald ich sie festhalten möchte entschwindet sie wieder. Aber solange sie da ist, ahne ich etwas vom Geheimnis des Lebens.

Loslassen
ist die Voraussetzung
für ein erfülltes Leben.

Achtsamkeit:

Ich bin ganz bei dem,
was ich in die Hand nehme.
Ich nehme wahr, was gerade ist.

Herz

Geiz engt das Herz ein.
Der Großzügige hat ein weites Herz.

Wert

Die Zeit, die ich mir reserviere, ist eine «heilige Zeit», weil sie für mich einen Wert hat, den ich mir von keinen anderen Werten streitig machen lasse. Jeder braucht in seinem Leben solche Zeiten, die ihm heilig sind.

Wenn ich Liebe erfahren darf,
habe ich das Gefühl,
dass ein

Engel

in mein Leben getreten ist.

Liebe

Die Liebe handelt nicht nur gut,
sie macht auch gut.
Liebe verwandelt die Wirklichkeit.

Begegnung

geht immer über die Menschen,
die sich treffen, hinaus:
Sie eröffnet einen größeren Horizont.

Nähe

Es braucht Nähe und Distanz,
damit die Liebe atmen kann,
damit sie Heimat bleibt
und nicht ein Gefängnis wird.

Leben

Es ist nie zu spät für eine Begegnung, die uns heilt und ganz macht und uns neues Leben verheißt.

Zur
Freundschaft
gehört es, dass man tiefe Erfahrungen
schweigend miteinander teilt.

Ruhe

Wer ständig in Bewegung ist, der hindert seine Seele, ruhig zu werden. Ich muss auch äußerlich Ruhe geben, damit meine Seele Ruhe finden kann.

Ich verstehe die Zusammenhänge
der Welt nur, wenn ich
zurücktrete
und in der Stille wie mit neuen Augen
auf alles sehe.

Ordnung ist ein Heilungsfaktor.
Eine sinnvolle Ordnung spart Energie
und macht frei für das

Wesentliche.

Wachsamkeit

Der Engel der Wachsamkeit möge dich begleiten, damit du jeden Augenblick bereit bist, auf die leisen Stimmen deines Herzens zu hören.

Lebensspur

Welche Spur möchte ich
auf meinem Lebensweg
in diese Welt eingraben?
Ist es meine eigene Lebensspur,
der ich folge, oder folge ich den Spuren anderer?

Leid tut weh. Aber es ist auch etwas, das nur wir geschaut und erlebt haben. Es zeichnet uns aus. Es ist etwas
Kostbares,
das wir mit uns tragen.

Wenn ich durch den
Schmerz hindurchgehe,
werde ich zur wahren
Ruhe
finden.

Wer die

Langsamkeit

übt,

der erfährt die Zeit nicht

als Gegner, sondern als Geschenk.

Er kann sie genießen.

Das macht den

Glanz

eines Menschen aus:
Dass er das eigene Maß kennt und so lebt,
wie es seinem Maß entspricht.

Gottes zärtliche

Hände

tragen uns.

Seine starken Hände schützen uns.

Der Sanfte fühlt sich

verbunden

mit dem, was er berührt.

Nur wer ganz bei sich sein kann,
der ist fähig,
das Du der anderen
zu entdecken und zu
würdigen.

Wer schweigt, wird weise.
Er weiß mehr. Er sieht auf das
Wesentliche.

Sehnsucht

führt über das eigene begrenzte Ich hinaus
und relativiert die Probleme,
mit denen wir uns herumschlagen.

Wir alle brauchen immer wieder
Zeiten der

Stille,

in denen wir uns zurückziehen können
vom Lärm, der uns umgibt.

Freude
und Überraschung
sind Geschwister.

Ich kann das Glück nicht bewusst anstreben.
Aber ich kann mich für die Liebe entscheiden.

Glücklich

werde ich sein, wenn ich liebe.

Herz

Nur das Herz sieht in allem die Spuren jener letzten Gewissheit, die mich aus dem Antlitz jedes Menschen und aus jedem Stein und Grashalm anblickt, um mir zu sagen: «Du bist geliebt.»

Duft

Die Rosen, die du
in das Leben anderer bringst,
duften nicht nur für sie,
sondern auch für dich.

Dankbarkeit

macht den Menschen aus.
Der Undankbare ist noch nicht
wirklich Mensch geworden.

Jedes Kind wohnt in einem Haus, in dem die Erwachsenen es nicht besuchen können. Wir können nur erahnen, was das Morgen ist, das in diesem Kind

aufleuchtet.

Einklang

Wir sind im Einklang mit uns selbst,
wenn nach der inneren Melodie tanzen,
die das eigene Herz in uns formt.
Die Stille ist voller Klänge.

Stille: Die Gedanken schweigen,
die Bewertungen schweigen,
die Ängste schweigen.
Nichts beherrscht dich.
Du bist

frei.

Die Stille stillt das
Verlangen
des Herzens.
Sie ist das wahre Glück des Menschen.

Lächeln

Ein Lächeln, das von Herzen kommt, schafft Nähe und Einverständnis. Ich darf sagen, was ich denke. Ich werde nicht beurteilt.

Der Sanfte lebt in
Frieden
auch mit den Gegensätzen
in seinem Herzen.

Dein Engel, der dich begleitet,
will in dir zur

Stimme

werden, damit durch dich ein Wort
in dieser Welt vernehmbar wird,
das Gott nur in dir aussprechen kann.

Menschsein

Ein Engel begleitet uns und weist uns ein
in die Kunst des Lebens, in Haltungen,
die unser Menschsein entfalten.

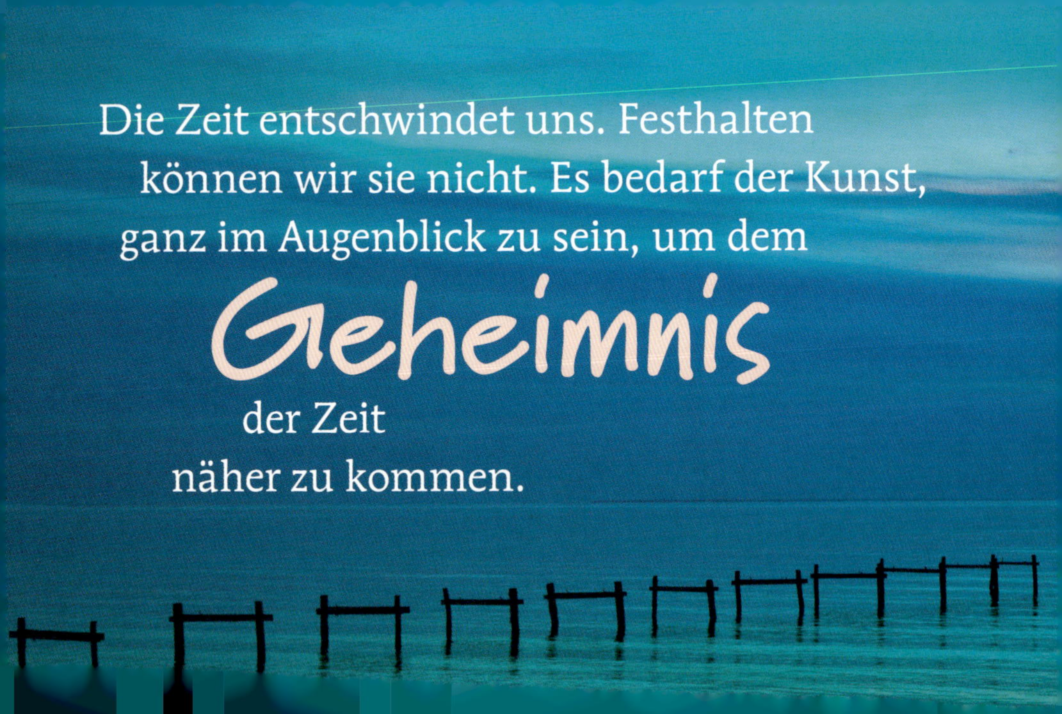

Die Zeit entschwindet uns. Festhalten
können wir sie nicht. Es bedarf der Kunst,
ganz im Augenblick zu sein, um dem

Geheimnis

der Zeit
näher zu kommen.

Hoffnung

ist kein Schönwettergefühl.
Hoffnung eröffnet uns die Zukunft.
Sie zeigt uns, dass das Leben
lebenswert ist.

Träume

einfach einmal vor dich hin, was du gerne tun würdest. Beim Träumen ist es wichtig, Wunschbilder zuzulassen. Erst im zweiten Schritt sollst du dir überlegen, wie du das konkret umsetzen kannst.

Trau deiner
Sehnsucht.
Folge ihr bis an
den äußersten Rand.

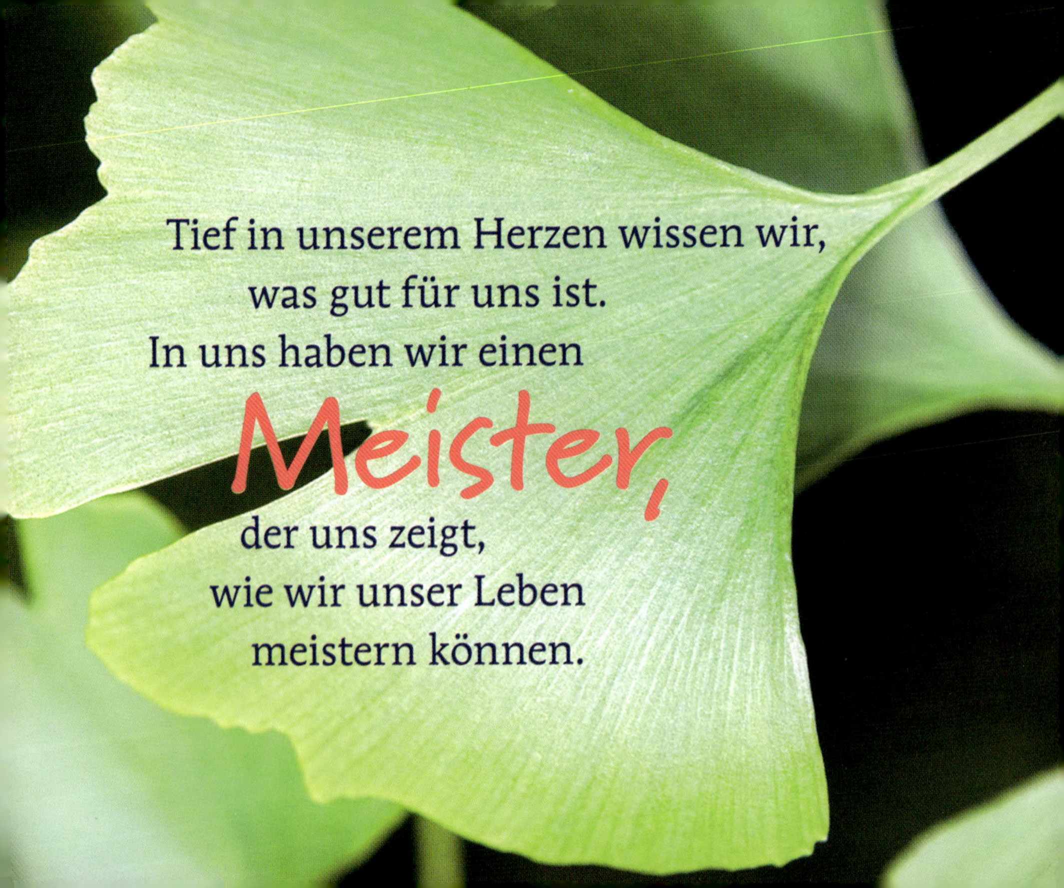

Tief in unserem Herzen wissen wir,
was gut für uns ist.
In uns haben wir einen
Meister,
der uns zeigt,
wie wir unser Leben
meistern können.

Wage etwas Neues, setz deine Idee
in die Tat um und frage nicht erst
die ganze Welt um Erlaubnis.

Geh immer wieder in deine

Mitte.

Lass die anderen dort sein, wo sie sind.
Und lass sie so sein, wie sie sind.

Das rechte Maß meint nicht
Mittelmäßigkeit.

In der Begegnung erfahre ich,
wer ich wirklich bin.

Begegnung

weckt neues Leben
in mir.

Wenn Begegnung gelingt,
finden wir eine stille
Freude,
die tiefer ist als alles Leid,
das uns umgibt.

Zärtlichkeit

Jeder Mensch braucht im Haus seiner Seele Räume des Schutzes und des schöpferischen Versunkenseins. Dort wohnen die Engel bei ihm und führen ihn ein in die Leichtigkeit des Seins, in die Zärtlichkeit der Liebe und in die Lust am Leben.

Jeder von uns trägt in sich das

Kind,

das er einmal war.

Leben

Wir müssen immer wieder neu geboren werden, damit unser Leben lebendig bleibt. Jede Krise kann eine Neugeburt sein.

Größe

Große Menschen haben nie den kurzfristigen Erfolg gesucht. Sie haben Bäume gepflanzt, deren wahre Größe sie nie gesehen haben. Sie haben Kathedralen gebaut, deren Vollendung sie nie erlebt haben.

Aufwachen
meint, hinter die Dinge
zu schauen, die wahre Wirklichkeit
des Lebens zu entdecken.

Achtsam

sein heißt nicht, zu kontrollieren,
sondern wach und aufmerksam
in Beziehungen zu sein.

Unter jedem Stein liegt ein

Geheimnis.

Der achtsam Lebende
entdeckt es.

Menschen, die mit sich im

Frieden

sind, tun das, was zu tun ist, ruhig und gelassen. Darum: Versöhne dich mit dir selbst.

Nähe

Wer nicht ganz bei sich ist,
schenkt sich selbst keine Nähe

Die Unfähigkeit zu warten hindert daran zu

genießen.

Wer keine
Fehler
machen will,
macht alles falsch.

Wer seine eigene
Wahrheit
erkennt, der hört auf,
seine Fehler bei anderen zu suchen.

Genuss

Wir werden Gott kaum genießen können, wenn wir uns nicht eingeübt haben in den Genuss der Gaben, die Gott uns anbietet.

Wem Gutes zugesprochen wird,
der vermag selbst an das Gute in sich zu
glauben.

vertrauensvoll
Tu, was in deiner Hand ist, und dann überlass dich vertrauensvoll Gott.

danken

Ein dankbarer Mensch vermag für alles zu danken. Nichts ist ihm selbstverständlich.

Glück

Es gibt kein Anrecht auf Glück.
Du kannst es nur
als Geschenk empfangen.
Dann wird es dich
mit Freude erfüllen.

Stunden, die wir nicht zählen,
sind unbezahlbar. Sie sind die

kostbaren

Augenblicke. Die Zeit steht still.

Der Mensch ist seinem Wesen nach
ein Empfangender. Er muss

zulassen,

was ist. Er muss dem, was ihm voraus ist,
erlauben, dass es so ist, wie es ist.

Lust

am Leben ist etwas anderes als oberflächlicher Spaß. Sie ist die Kunst, ganz im Augenblick zu leben, mit allen Sinnen zu leben, das wahrzunehmen, was gerade ist.

Das Leben ist kein Problem, das wir lösen sollen. Wenn das Leben
strömt,
dann ist es schon die Lösung.

Seele

Die Häuser der Menschen
sind zu eng für uns.
Das Haus unserer Seele ist weiter.
In uns wohnt Gott, der in keine menschliche
Wohnung eingezwängt werden kann.

Gegenwart

Glück ist immer zeitlos. Wer seine Stunden zählt, der lebt nicht in der Gegenwart.

Sehnsucht

Ohne Sehnsucht bleibt die Erde,
was sie ist. Und ohne Erde wird die
Sehnsucht allzu leicht eine Flucht.

Ewigkeit

Wenn ich ganz im Augenblick bin, wenn ich ganz eins bin mit mir, dann schaue ich hinter den Schleier der Welt, auch hinter den Schleier der Zeit, dann habe ich jetzt schon teil an der Ewigkeit.

Geheimnis

Indem wir ganz im Augenblick sind, fallen Vergangenheit und Zukunft in eins. Schweigend kann ich versuchen, ganz im Augenblick zu sein. Dann taucht eine Ahnung auf, dass da Zeit und Ewigkeit miteinander eins sind. Das ist das tiefste Geheimnis der Zeit.

dankbar

Wer unbedingt glücklich sein will, wird eher unglücklich. Wir können zwar etwas tun für unser Glück, aber wir können es nicht einfach machen. Glück setzt die Haltung voraus, dankbar anzunehmen,
was Gott mir schenkt.

Nur wer loslässt, bleibt
lebendig.

Bildnachweis

© photocase.com (1 manun, 2 manun, 4 complize, 6 zettberlin, 8 daniel. schoenen, 10 jiggy.wiggy, 11 cougaruk, 12 bunnyface, 15 manun, 16 zabalotta, 17 particula, 20 Dan Kuta, 21 bit.it, 25 miss X, 27 misterQM, 28 maspi, 30 krizleebear, 32 YariK, 33 o-zero, 34 table, 35 manun, 37 hermschidt, 38 ts-grafik, 39 biloba, 40 pip, 41 pischare, 43 s11, 46 o-zero, 50 kemai, 51 manun, 56 Fotoline, 57 beta01, 58 winternana, 63 joexx, 66 der_hannes, 68 jarts, 69 fuel2water, 72 stocksnapper, 73 manun, 74 Judywie, 77 Naturfreund2.0, 78 Judywie, 80 Svea Anais Perrine, 83 seifenbläschen, 86 han.lei, 87 cykriz, 88 tilla eulenspiegel, 89 Gerti G., 92 Jala, 93 manun, 94 bigv, 96 mia_sara, 98 kallejipp, 99 tundkadrian, 100 TheGRischun)
© Fotolia (53 Liv Friis-Larsen, 67 Gandolf)
© Stefan Weigand (3, 7, 14, 18, 22, 23, 26, 29, 42, 45, 47, 48, 52, 55, 59, 60, 62, 64, 70, 75, 79, 82, 84, 85, 91, 95)

Mehr Glücklichsein!

Anselm Grün

HERDER

Wer die Wirklichkeit im Licht der Liebe sieht,
dessen Seele wird selber hell und voll
Freude.

Die Texte dieses Aufstellers wurden den Werken von Anselm Grün entnommen, die alle im Verlag Herder, Freiburg im Breisgau, erschienen sind.

www.herder.de

Umschlagmotiv: © A. P. – photocase.com
Gesamtgestaltung:
Weiß-Freiburg GmbH – Graphik & Buchgestaltung
Herstellung:
Tien Wah Press Malaysia

Printed in Malaysia
ISBN 978-3-451-32374-4

Mehr Lebensfreude

mit Texten von Anselm Grün
und Bildern, die die Seele erfrischen.
Mitten im Alltag
100 Momente des Auftankens:

Mehr Glücklichsein!

ISBN 978-3-451-32374-4

9 783451 323744

€ 7,95 (D)

www.herder.de